Slaap lekker, kleine wolf

Mirno spi, mali volk

Een prentenboek in twee talen

Ulrich Renz · Barbara Brinkmann

Slaap lekker, kleine wolf

Mirno spi, mali volk

Vertaling:

Jonathan van den Berg (Nederlands)

Jana Milovanović (Sloveens)

Luisterboek en video:

www.sefa-bilingual.com/bonus

Gratis toegang met het wachtwoord:

Nederlands: **LWNL2321**

Sloveens: **Žal avdio knjige ali videoposnetki še niso na voljo v tem jeziku. (Sorry, audio or video not yet available.)**

We zijn bezig om zoveel mogelijk van onze tweetalige boeken beschikbaar te maken als audioboeken en video's. We zijn bezig om zoveel mogelijk van onze tweetalige boeken beschikbaar te maken als audioboeken. Als er nog geen audioversie in uw taal beschikbaar is, wees dan geduldig! U kunt op de hoogte blijven van de voortgang van onze werkzaamheden op onze website:
www.sefa-bilingual.com/languages

Goedenacht, Tim! We zoeken morgen verder.

Voor nu slaap lekker!

Lahko noč Tim, pa mirno spi!

Ga bova že jutri poiskala.

Buiten is het al donker.

Zunaj je že tema.

Wat doet Tim daar?

Kaj počne Tim?

Hij gaat naar de speeltuin.
Wat zoekt hij daar?

Proti igrišču se je napotil.
Le kaj išče?

De kleine wolf!

Zonder hem kan hij niet slapen.

Mali volk!

Brez njega ne more zaspati.

Wie komt daar aan?

Še nekdo prihaja. Kdo je to?

Marie! Ze zoekt haar bal.

Marija! Prišla je iskat žogo.

En wat zoekt Tobi?

Kaj pa išče Tobi?

Zijn graafmachine.

Svojo lopatko.

En wat zoekt Nala?

In kaj išče Nala?

Haar pop.

Punčko.

Moeten de kinderen niet naar bed?

De kat is erg verwonderd.

Kaj ne bi morali biti ti otroci v posteljah?

Je zaskrbljena mačka.

Wie komt er nu aan?

Kdo pa zdaj prihaja?

De mama en papa van Tim!

Zonder hun Tim kunnen zij niet slapen.

Timova oče in mama.

Ne moreta zaspati brez njunega Tima.

En er komen nog meer! De papa van Marie.

De opa van Tobi. En de mama van Nala.

Še več ljudi prihaja. Marijin oče.

Tobijev dedek. Nalina mama.

Nu snel naar bed!

Zdaj pa hitro vsi v posteljo!

Goedenacht, Tim!

Morgen hoeven we niet meer te zoeken.

Lahko noč, Tim!

Jutri nam ne bo treba iskati.

Slaap lekker, kleine wolf!

Mirno spi, mali volk!

De auteurs

Ulrich Renz werd geboren in 1960 in Stuttgart (Duitsland). Hij studeerde Franse literatuur in Parijs en geneeskunde in Lübeck, waarna hij als directeur van een wetenschappelijke uitgeverij werkte. Vandaag de dag is Renz freelance auteur en schrijft hij naast non-fictie ook boeken voor kinderen en jongeren.

www.ulrichrenz.de

Barbara Brinkmann werd geboren in 1969 in München (Duitsland). Ze studeerde architectuur in München en is momenteel werkzaam bij de faculteit Bouwkunde van de Technische Universiteit van München. Ze werkt ook als grafisch ontwerper, illustrator en auteur.

www.bcbrinkmann.de

Hou je van tekenen?

Hier vindt je alle illustraties van het verhaal om in te kleuren:

www.sefa-bilingual.com/coloring

Veel plezier!

De wilde zwanen

Een sprookje naar Hans Christian Andersen

▶ Voor kinderen vanaf 4-5 jaar en ouder

„De wilde zwanen" van Hans Christian Andersen is niet voor niets een van de beroemdste sprookjes van de wereld. In een tijdloze vorm behandelt het de thema's van de menselijk drama's: angst, dapperheid, liefde, bedrog, afscheid en hereniging.

Beschikbaar in jouw taal?

▶ Kijk eens naar onze „Taalassistent":

www.sefa-bilingual.com/languages

Mijn allermooiste droom

► Voor kinderen vanaf 2-3 jaar

Lulu kan niet slapen. Al haar knuffels zijn al aan het dromen – de haai, de olifant, de kleine muis, de draak, de kangoeroe, de ridder, de aap, de piloot. En het leeuwenwelpje. Zelfs de beer heeft moeite om zijn ogen open te houden ...

Hé beer, neem je me mee in je dromen?

Zo begint Lulu's reis door de dromen van haar knuffeligste knuffels – en uiteindelijk haar eigen allermooiste droom.

Beschikbaar in jouw taal?

► Kijk eens naar onze „Taalassistent":

www.sefa-bilingual.com/languages

Special thanks for his IT support to our son, Paul Bödeker, Freiburg, Germany

ISBN: 9783739910635